AF243553

RÉTABLISSEMENT

DU

CRÉDIT PUBLIC.

DE L'IMPRIMERIE DE P. DIDOT L'AINÉ,

CHEVALIER DE L'ORDRE ROYAL DE SAINT-MICHEL,

IMPRIMEUR DU ROI.

M. DCCCXVIII.

RÉTABLISSEMENT

DU

CRÉDIT PUBLIC.

———

DEPUIS long-temps on parle, on discute, on écrit sur les finances. Combien de plans ont été présentés aux Chambres, au Gouvernement et donnés au public ! Cependant aucun n'a pu prévenir, ni empêcher la crise financière qui vient d'éclater, crise qui a ébranlé tant de fortunes en si peu de jours, et porté une atteinte funeste au commerce, à l'industrie et au crédit public ; car qu'on ne se le dissimule pas, tout se rapporte au crédit et à la faveur dont jouissent les effets publics, sur-tout lorsque le Gouvernement en a négocié une masse énorme excédant la somme du numéraire nécessaire au classement de ces effets.

Cette funeste crise, qui n'est apaisée que par des espérances flatteuses que le Gouvernement a fait concevoir, ne tarderoit pas peut-être à se renouveler, et avec des suites encore plus désastreuses, si on ne s'empressoit pas d'amortir la masse des effets publics excédant les moyens de classement.

Aux grands maux il faut de grands, prompts et salutaires remèdes; tout palliatif seroit un poison lent qui causeroit le malheur de l'État, sur-tout dans la circonstance actuelle.

La ruine de plusieurs maisons entraîne nécessairement celle d'une infinité d'autres, quoique étrangères aux opérations sur les effets publics.

La prospérité d'un État tient à une grande chaîne dont l'harmonie est détruite par la rupture de quelques uns des anneaux qui la composent.

Voyez ce funeste résultat dans la baisse des effets publics : il est tel que les principales places de l'Europe, en apprenant cette nouvelle, ont retiré tout crédit au commerce françois, et, par suite, les maisons de Paris à celles des départements.

Le Gouvernement a le pouvoir et les moyens de faire cesser les alarmes, d'arrêter les progrès du mal ; de rétablir le crédit public d'une manière invariable, de faire fleurir le commerce et l'industrie nationale, et enfin d'assurer la prospérité de la France en amortissant la dette publique de 73 millions 333,333 fr. de rentes, sans qu'il lui en coûte aucun sacrifice, c'est-à-dire, en échangeant un immeuble d'un revenu de 24 millions 400,000 fr. contre un autre revenu assuré de 83 millions 333,333 fr., comme nous allons le démontrer.

Un Gouvernement ne doit pas posséder de propriétés ; elles doivent être toutes entre les mains des contribuables qui ne sont que comme des fermiers de l'État à qui ils paient un tribut annuel proportionné à ses besoins et au produit des propriétés que le Gouvernement garantit à tous et à chacun en particulier.

Nous posons ce principe, sans qu'il soit besoin de lui donner un développement plus étendu ; nous le posons, parceque nous avons besoin de son appui pour faire cesser la crise financière, qui est une véritable calamité publique.

Les forêts de l'État, en y comprenant celles affectées au revenu de 4 millions pour le clergé, sont d'un produit net de 19 millions 400,000 f.

On pourrait vendre encore pour 100 millions de biens des communes, auxquelles on paieroit l'intérêt de 5 millions en rentes sur le Grand-Livre, ce qui, réuni aux 19 millions 400,000 f., feroit un total de 24 millions 400,000 f.

Ces immeubles mis en vente produiront un capital de onze cent millions, valeur numéraire, au moyen desquels on amortira 73 millions 333,333 f. de rentes perpétuelles.

Ces biens sortant des mains-mortables, étant mobilisés et rentrant dans la circulation, donneront annuellement au fisc pour les droits de mutation, soit par ventes, partages, successions, droits par suite d'hypothèques, un revenu qu'on peut évaluer à 5 millions; on ne devra pas trouver ce calcul approximatif exagéré, si on veut considérer qu'un capital de onze cent millions mis en circulation, augmentera le produit du timbre et des postes par les affaires multipliées et l'accroissement des correspondances auxquelles ces opérations donneront lieu.

Le timbre et l'enregistrement de la première vente de ces immeubles donnera au fisc environ 40 millions en numéraire; et qu'on ne perde pas de vue que ces biens, achetés d'abord par des compagnies ou de riches spéculateurs, seront ensuite revendus par petites portions dans l'espace de deux à trois ans, et que le fisc en retirera encore, dans un court délai, plus de 40 millions pour les nouveaux droits de mutation.

A tous ces avantages, qui résulteront de la mobilisation de tant d'immeubles frappés de paralysie jusqu'à présent, il faut en ajouter un autre qui est du plus grand poids dans la balance financière et pour la prospérité du commerce: cet avantage sera de faire sortir des mains des habitants des campagnes le numéraire immense qui y dort.

Cette opération devra faire mettre en circulation plus de 500 millions, qui ne sont destinés par les cultivateurs qu'à faire de nouvelles acquisitions en immeubles.

Ceux qui savent calculer apprécieront le bienfait de l'augmentation d'une telle masse de numéraire circulant et passant rapidement en plusieurs mains, souvent même dans le même jour.

Chez un peuple aussi actif, aussi industrieux que le François, multiplier le numéraire circulant, c'est marcher à grands pas vers la prospérité publique.

Pour retirer tous les fruits desirables de l'o-
pération que nous proposons, il ne faut pas
prendre des demi-mesures, dont l'exécution soit
divisée et prolongée d'années à années; il faut
qu'elles soient grandes et promptes; il faut une
loi qui ordonne la vente des forêts de l'état et
des biens des communes, jusques et à concur-
rence de onze cent millions, et il faut que
cette même loi porte qu'on recevra en paiement,
pour les deux tiers, les inscriptions de rente sur
le Grand-Livre, à raison de 75 pour 100, ou en
numéraire avec une remise de 25 pour 100, et
pour un tiers, les reconnoissances de liquidation à raison de 85 pour 100, ou en numéraire
avec une remise de 15 pour cent.

Les portions qui seront payées en numéraire, seront versées à la caisse d'amortissement, pour être employées dans le mois à l'a-
chat des rentes.

Voyez-vous l'effet que produira d'abord la
proposition de cette mesure? Jusqu'à présent
l'emploi du numéraire des départements ne
s'est pas porté sur les effets publics; eh bien!
comme chacun calcule dans ses intérêts, à
peine aura-t-on connoissance des intentions du
Gouvernement, que, sans attendre même la

loi, des ordres d'achats de rentes et de reconnoissances de liquidation afflueront à Paris de toutes les parties de la France et même de l'Étranger.

Les biens dont nous proposons la vente donneront encore à l'État une augmentation de revenus par la contribution foncière à laquelle ils seront imposés, et par les contributions mobilières et indirectes auxquelles ils donneront lieu.

On ne croit pas exagérer en portant ces différentes contributions à 5 millions.

Mais quelques personnes diront peut-être : Que deviendra le clergé si on lui ôte les forêts qu'on lui a données en garantie pour ses 4 millions de revenus ? Une loi a consacré cette aliénation gratuite.

D'un autre côté, quelques uns prétendront aussique nos forêts, nécessaires à la prospérité de notre marine militaire et commerçante, aux arts et métiers et au chauffage, seront détériorées, et que, dans quelques années, la France n'aura plus de bois pour chauffer ses habitants, ni pour construire ses vaisseaux.

Je réponds d'avance aux premiers : l'État n'a pas transmis positivement la propriété du capital des forêts au clergé pour en disposer, mais a voulu seulement lui allouer un revenu annuel de 4 millions, hypothéqués sur ces immeubles; eh bien! ce revenu lui sera assuré en rentes perpétuelles sur le Grand-Livre, qui n'est pas une garantie moins solide qu'une portion de forêts, puisque le Grand-Livre repose sur tous les revenus de l'État.

Je dirai aux seconds : En vendant les forêts, la France ne sera pas plus exposée qu'à présent à manquer de bois pour sa marine, pour les arts et métiers, ni pour le chauffage de ses habitants, attendu que les mêmes lois conservatrices, qui veillent aujourd'hui à ce qu'elles ne soient point dégradées, continueront d'être en vigueur, et que leur exploitation sera soumise au même régime forestier.

RÉSUMÉ DES AVANTAGES QUE PRÉSENTE L'OPÉRATION.

DÉPENSES.		RECETTES.	
Produit actuel des forêts de l'État, qui sont à la disposition du Gouvernement. .	fr 15,400,000.	Achat de rentes inscrites au Grand-Livre, au moyen de la vente des forêts et des biens des Communes . . .	fr 73,333,333 33.
Produit de celles à la disposition du Clergé.	4,000,000.	Produit présumé des droits de mutation des susdits immeubles	5,000,000.
Produit des biens appartenants aux Communes. . .	5,000,000.	Produit présumé des contributions.	5,000,000.
Total. . . .	24,400,000.		
Différence en faveur du Gouvernement, par année. . .	58,933,333 33.		
Pour balance.	fr 83,333,333 33.		fr 83,333,333 33.

C'est ainsi qu'au moyen d'un capital ne produisant que 24,400,000 fr., le Gouvernement amortiroit 73,333,333 fr. 33 c. de rentes flottantes, et immobilisé 9,000,000 fr. de rentes du Clergé et des Communes.

Le calcul que nous venons de présenter est basé sur un capital supposé de onze cent millions des forêts de l'État ou des biens des communes ; mais quelle qu'en soit la quotité réellement existante , ou que le Gouvernement veuille appliquer à l'amortissement de la dette publique, il est certain que le résultat sera le même dans la proportion de 24 millions quatre cent mille francs à 73 millions 333,333 f. 33 c. ; et nous persistons dans notre opinion , que l'aliénation des forêts et des biens des communes est utile , nécessaire et indispensable, non pas par portion , mais en totalité, pour l'amortissement d'autant de la dette publique. C'est au nouveau ministre des finances à mesurer la profondeur de l'abyme , et à peser dans la balance financière la somme d'effets publics que peut comporter la France. D'un côté, il mettra la somme des effets émis , et de l'autre , celle des moyens existants pouvant servir à classer les effets qui sont encore flottants ; tout ce qui fera pencher la balance de ce côté , doit être supprimé avec sévérité ; car le contraire pourroit causer la ruine de l'État. Il est un terme à tout, et un Gouvernement sage doit se préserver d'outrer la mesure des emprunts. Si le banquier qui jouit du premier crédit et de la plus grande considération, en abuse par une émission trop forte de son papier, il perd son crédit, et court à sa perte, dans laquelle il entraîne tous ceux qui ont eu confiance en lui.

Mais, dira-t-on : Le Gouvernement a donné des inscriptions de rente sur le Grand-Livre à ses créanciers, ou à des compagnies et à des banquiers particuliers qui lui en ont fourni, ou doivent lui en fournir le montant ; ces rentes seront payées exactement à l'échéance de chaque sémestre avec une fidélité scrupuleuse ; on ne peut donc rien exiger de plus ni de mieux de la loyauté d'un Gouvernement.

Je répondrai à ceux-là : Insensés que vous êtes, ne voyez-vous pas que tous ceux qui ont escompté au Gouvernement cette masse énorme d'inscriptions de rentes sur le grand livre, ont contracté eux-mêmes des engagemens peut-être bien au-dessus de leur fortune et de celle de leurs amis, en attendant de pouvoir classer ce papier ; ne voyez-vous pas que si la masse émise est au-dessus des moyens de classement, ils seront ruinés, et entraîneront dans leur désastre tous ceux qui ont des liaisons d'intérêt avec eux : et qu'ainsi, les uns entraînant les autres, la ruine deviendra générale. Alors les fabricants, les négociants honnêtes, ne trouvant plus de crédit, videront leurs ateliers ; et une multitude de bras laborieux seront paralysés, et il ne leur restera de mains que pour mendier.

S'il n'y a alors plus d'industrie ni de commerce, qui favorisera l'agriculture, qui paiera les impôts? Si le Gouvernement abandonnoit ainsi les canaux d'où dérivent les richesses de l'État, le trésor public se trouveroit bientôt desséché.

Mais un pareil malheur n'est pas réservé à la France, elle est au terme de ses revers et au moment de voir renaître et aller toujours croissante sa prospérité, si le Gouvernement se rendant au vœu de la nation, fait le sacrifice des propriétés dont le revenu n'est que de 24 millions 400 mille francs, pour racheter une dette de 73,333,333 fr. 33 cent., et rétablir par-là la confiance générale et le crédit public. Nous devons observer en même temps que si le Gouvernement prend cette mesure, il fera une économie annuelle de 58 millions 933,333 f. 33 c., qu'il pourra ajouter aux 40 millions qu'il a déja affectés à la caisse d'amortissement, en sorte qu'au lieu d'amortir tous les ans pour 40 millions, il pourra en amortir pour 98,933,333 f. 33 cent.

La nation, pleine de confiance dans le nouveau ministre des finances, attend tout le bien possible de ses lumières, de sa sagesse et de son désintéressement ; elle sait qu'il n'est entré au ministère que dans la ferme résolution de rétablir les finances et affermir le crédit public. La tâche qu'il a à remplir est sans doute difficile, mais quand on a le courage et le desir de faire lebien, et qu'on n'ambitionne, comme lui, que la gloire d'avoir coopéré au bonheur de sa patrie, on est toujours sûr de réussir et d'être secondé par les hommes de bien.

Pour donner à mon opinion tout le développement dont elle est susceptible, il m'auroit fallu plus de temps et plus de talents ; mais je sens que le sujet est au-dessus de mes forces ; fasse le ciel que tout autre remplisse l'attente publique ! Je m'estimerai heureux si mes idées ont pu contribuer à en faire naître de meilleures et d'assez efficaces pour faire cesser la crise financière qui a jeté l'alarme et l'inquiétude dans le cœur de tant d'honnêtes citoyens.